TANNEGUY DUCHATEL

OU

RÉHABILITATION D'UN BRETON

TRAVAIL LU EN ASSEMBLÉE GÉNÉRALE

DE LA SOCIÉTÉ ACADÉMIQUE DE LA LOIRE-INFÉRIEURE,

PAR M. LE PASTEUR H. FARGUES,

LE 5 MARS 1884.

NANTES,

Mᵐᵉ Vᵉ CAMILLE MELLINET, IMPRIMEUR,

Place du Pilori, 5.

L. MELLINET ET Cⁱᵉ, succʳˢ.

1884

TANNEGUY DUCHATEL,

OU RÉHABILITATION D'UN BRETON.

TRAVAIL LU EN ASSEMBLÉE GÉNÉRALE

DE LA SOCIÉTÉ ACADÉMIQUE DE LA LOIRE-INFÉRIEURE,

PAR M. LE PASTEUR H. FARGUES,

LE 5 MARS 1884.

MESSIEURS,

Je tiens, avant d'entrer en matière, à vous présenter tout à la fois mes remerciements et mes excuses : mes remerciements, pour l'honneur que vous m'avez fait en m'appelant par un vote unanime à jouir des avantages et des agréments que la Société académique de la Loire-Inférieure procure à ses membres ; mes excuses, pour les prétentions que semble trahir ma prompte participation à vos travaux dans la séance même qui suit celle de ma nomination. Veuillez, Messieurs, ne voir dans cette intervention un peu hâtive qu'un hommage rendu à votre bienveillance qu'il me tardait de proclamer et l'expression du sincère désir que j'éprouve de remplir le moins imparfaitement qu'il me sera possible les obligations que m'impose votre confiance et dont je sens tout le poids.

La question que je viens soumettre à votre jugement vous paraîtra de prime abord, je le crains, de trop mince importance pour qu'elle soit de nature à justifier cette précipitation, surtout si vous la mettez en regard du mémoire si savant et si instructif dont nous venons d'entendre la lecture. Qu'est-ce que Tanneguy Duchâtel ? En quoi les exploits de cet ancien conseiller de l'un de nos rois du XVe siècle, dont l'histoire ne nous parle que pour nous le montrer impliqué dans un crime précédé d'un guet-apens, peuvent-ils exciter l'intérêt de nos contemporains et nous donner à nous-mêmes quelques leçons fortifiantes ?

Il est probable, Messieurs, que j'aurais, il y a quelques mois, raisonné, moi aussi, de la même manière et tenu exactement le même langage ; et laissez-moi vous faire la confidence des circonstances un peu singulières qui m'ont amené à modifier mes vues sur ce point et m'ont dicté le sujet que j'aborde.

L'année dernière, un savant allemand qui doit avoir pénétré les arcanes de toutes les sciences puisque des choses assez secondaires l'attirent, écrivait à l'un de nos concitoyens pour s'informer auprès de lui si quelques-unes des bibliothèques publiques de la Bretagne ne cacheraient pas sous la poussière de leurs rayons des documents se rapportant à la lugubre affaire du pont de Montereau. Il prétendait que Tanneguy n'est pas coupable de l'attentat dont il porte la responsabilité devant la postérité et qu'il se faisait fort de le démontrer. Consulté sur l'objet même de la demande, je fus surpris de voir un étranger s'occuper avec tant de soin d'un fait très particulier de notre histoire, et j'estimai que l'honneur de la réhabilitation d'un Français, à supposer qu'elle fût possible, devait revenir à des Français et non pas essentiellement à des Allemands. Ma curiosité et mon intérêt une fois éveillés, je me suis mis à l'œuvre. J'ai feuilleté les vieux chroniqueurs du XVe siècle :

le Religieux de Saint-Denys, Monstrelet, Juvénal des Ursins, le Bourgeois de Paris ; j'ai relu les histoires modernes, surtout celle de M. de Barante. Le champ s'est élargi ; je cherchais à éclaircir un point obscur, important, mais spécial ; je me suis soudainement trouvé en face d'un grand homme qui a été jusqu'ici ignoré ou traîné aux gémonies, bien qu'à une époque de trouble profond, de désorganisation morale et sociale inouïe, il ait fait briller des qualités et des vertus et rendu à la France des services éclatants qui auraient dû le recommander dès le début à l'attention et à la reconnaissance du pays tout entier. Ce n'est pas une tardive oraison funèbre que j'entreprends. C'est un acte de justice et de réparation que j'ai à cœur d'accomplir.

Tanneguy Duchâtel était issu d'une ancienne et illustre maison de Bretagne dont les sentiments français ne s'étaient jamais démentis. Il naquit vers 1369, au moment où la politique inaugurée par Charles V en vue de l'expulsion des Anglais commençait à produire ses fruits. De bonne heure il prit une part active à ces luttes épiques contre les envahisseurs dans lesquelles plusieurs de ses compatriotes bretons, Duguesclin, Clisson et tant d'autres, avaient déjà joué ou jouaient encore un rôle prépondérant. Il s'y fit remarquer par sa hardiesse, ses succès et une sorte d'habileté diplomatique. En 1404, il conçoit le dessein audacieux d'une descente en Angleterre, restée en guerre avec nous, au milieu même de ses querelles intestines. A la tête de 400 chevaliers, il exécute ce téméraire projet, ravage les côtes et revient chargé de butin. Cet heureux coup de main le mit en évidence. Louis d'Orléans, frère de ce pauvre fou couronné qui a nom Charles VI, était alors régent du royaume. Il aimait le courage chevaleresque et les hauts faits d'armes. Il prit Tanneguy à son service. Ce prince, si éclairé et si généreux, si plein de qualités brillantes, mais si dépourvu de vertus, qui aurait pu faire tant de bien à la France et qui lui a fait tant de mal, était un intelligent appréciateur du mérite. Sa cour se composait de tout ce que l'Europe comptait alors de plus distingué dans tous les domaines : savants, artistes, musiciens, peintres, architectes, guerriers. Duchâtel lui plut par sa bravoure, sa loyauté, son esprit si fécond en ressources, non moins que par la sympathie qu'il manifesta pour sa personne et pour sa cause. Il en fit son premier chambellan et lui conserva sa confiance jusqu'à sa mort. On sait de quelle façon tragique périt ce prince infortuné frappé par la hache des sicaires de ce sinistre duc de Bourgogne qui fut quinze ans durant le mauvais génie du royaume. A partir de ce moment, le héros breton nourrit pour Jean-sans-Peur une antipathie bien naturelle et qui n'a pas peu servi à fortifier l'accusation dont il fut plus tard l'objet.

Quoi qu'il en soit, l'assassinat de son protecteur lui occasionna une telle douleur et l'impunité de cet épouvantable forfait lui parut révéler un si violent état de désordre dans les esprits qu'il quitta la France et s'attacha à la personne et à la fortune de l'un des cousins de la victime, ce romanesque duc d'Anjou que les Napolitains avaient invité à reconquérir son trône. Il aida puissamment ce prince au cours de son aventureuse expédition et contribua largement aux succès éphémères qu'il remporta.

A peine de retour dans sa patrie avec la réputation d'être l'un des capitaines les plus vaillants et les plus expérimentés de l'époque, il fut nommé maréchal de Guyenne par le Dauphin Louis, fils aîné de Charles VI, et depuis mort empoisonné. Mais les terribles événements qui s'accomplissaient dans la capitale l'appellent sur ce théâtre agité et sanglant où il jouera à titre de prévôt de Paris un rôle proéminent et sauvera la royauté menacée d'une extermination totale dans sa ligne directe.

On était alors au fort de la guerre civile entre les deux factions des Armagnacs et des Bourguignons. Quand on en lit les affreux détails dans les chroniques du temps, on a l'âme navrée. La France gisait, blessée et expirante, au fond d'un abîme. Un roi fou, une reine déloyale, criminelle et méprisée ; un dauphin de dix-huit ans, paresseux, inutile, lâche et immoral ; point d'administration, point de gouvernement ; partout le laissez faire, le désordre, le pillage ou la ruine. En 1412, les Bourguignons dominaient dans Paris et y commettaient des atrocités dont notre histoire ne fournit aucun autre exemple, pas même aux jours néfastes de la terreur. Jean-sans-Peur, s'appuyant sur la puissante et riche corporation des bouchers, populace d'écorcheurs, de fripiers, de gens des halles, clubistes et jacobins anticipés, avait facilement raison de ses adversaires, aussitôt assommés que découverts. Les excès de ces bandes infernales font rappeler les Armagnacs par tous les hommes de modération. Tanneguy est investi de la charge de prévôt de Paris et devient le vrai chef du parti. Il ne donne pas un instant de relâche à son esprit et déploie une activité infatigable. Prudent et avisé, prompt et énergique, il déjoue plusieurs complots tramés par les Bourguignons, déconcerte et envoie au supplice les chefs d'une conspiration dont la réussite eût amené l'extermination de la branche légitime des Valois. Néanmoins, comme il dispose de peu de troupes et qu'il est débordé de toutes parts, surtout après la désastreuse journée d'Azincourt, si fatale à son parti, il ne peut empêcher les traîtres de se glisser dans le palais et de choisir leurs victimes jusque dans la famille royale. Les deux fils aînés de Charles VI, le dauphin Louis et Jean, son frère, meurent empoisonnés. Il ne restait plus à la France qu'un seul descendant de ses rois, âgé de quinze ans à peine, le futur Charles VII, quand une poignée de citoyens obscurs, poussés à bout par la tyrannie du connétable d'Armagnac, livrent, pendant la nuit, la capitale au sire de l'Isle Adam, capitaine bourguignon, et à ses huit cents hommes d'armes. La populace se groupe autour d'eux, et tous ensemble, étrangers et citoyens soldats de Paris, se ruent sur l'hôtel de Saint-Pol pour s'emparer de la personne du souverain. Averti du danger par les cris de victoire des conjurés, le prévôt accourt, et avec l'esprit de décision qui le caractérise, il saisit le jeune dauphin, enroule une couverture autour de son corps, et l'emporte à la Bastille où un grand nombre de ses partisans viennent le rejoindre. La révolution bourguignonne triomphe et frappe autour d'elle de terribles coups. Duchâtel est destitué de ses fonctions et remplacé par un affidé de Jean-sans-Peur. Toutefois, il ne perd pas courage et, au douzième jour de sa captivité, soupçonnant que ses ennemis sont peu nombreux dans Paris, il sort de la Bastille à la tête de seize cents hommes et se lance dans la rue Saint-Antoine en criant : *Vive le roi, le Dauphin et le comte d'Armagnac.* Hélas ! celui-ci était alors enfermé dans la tour du Châtelet d'où il ne devait sortir que pour être mis en pièces par la populace.

Tout le poids des opérations et l'avenir même de la royauté reposent sur l'ancien prévôt. Sa petite troupe fut repoussée, enveloppée et contrainte de rentrer dans la Bastille après avoir perdu le quart de ses gens. Comprenant qu'il ne pourrait s'y défendre longtemps, Tanneguy en sortit secrètement le soir même et entraîna à sa suite le dauphin qu'il parvint à mettre en sûreté à Melun. Son départ est le signal des plus effroyables massacres. Les prisonniers du Châtelet sont précipités du haut des tours et des fenêtres et reçus sur la pointe de bâtons ferrés et de piques et achevés avec une férocité satanique avec la complicité directe des chefs bourguignons. 4,000 victimes sont égorgées. Jean-sans-Peur accepte en frémissant la main du bourreau Capeluche qui

affecte de l'appeler *son bon frère*. La guerre civile se
propage avec la rapidité de la flamme et étale partout ses
horreurs. Les Anglais s'emparent de la Normandie. L'héroïque
cité de Rouen succombe. La famine se fait cruellement
sentir. Pour que rien ne manque à ces scènes de désolation,
la peste exerce elle aussi ses ravages. Les deux partis
éprouvent le besoin de mettre un terme à leurs luttes fratri-
cides et d'apporter quelques soulagements aux maux dont
souffre le pays. Toujours prompt et généreux, Tanneguy
prend l'initiative d'une démarche auprès du duc de Bourgogne
en vue d'une réconciliation. Rien n'autorise à suspecter la
sincérité de ses sentiments. Le succès couronne ses
efforts. Par le traité de Pouilly, les chefs des deux factions
rivales se prêtent, l'un à l'autre, serment de sacrifier
leurs haines mutuelles et leurs griefs réciproques au salut
du royaume.

Ce n'est pas qu'il faille attacher une grande importance à
ces actes, si graves et si solennels en eux-mêmes. Jean-sans-
Peur n'avait-il pas communié fort dévotement avec son beau
cousin d'Orléans trois jours avant de le faire égorger? Mais,
en 1419, la situation s'était sensiblement aggravée, et l'état
du pays, les circonstances presque désespérées où l'on se
trouve non moins que l'intérêt le plus évident des deux
partis, commandent absolument la cessation des hostilités et
le rétablissement de la concorde. On ne saurait admettre que
Duchâtel, avec son grand bon sens, son patriotisme, avec
l'esprit de franchise et de candeur que ses contemporains lui
reconnaissent, ait nourri une arrière-pensée qui aurait fait
de lui une sorte de monstre. Il avait alors 50 ans, et si vif
qu'eût pu être chez lui en d'autres temps le désir de la
vengeance, les emportements de la passion avaient dû céder
devant la réflexion et l'expérience, aussi bien que devant la
perspective d'un crime deux fois odieux qui ne pouvait que

répugner à sa nature et entraîner pour sa personne et pour sa cause les plus désastreux effets.

Il s'agissait d'exécuter les clauses du traité de Pouilly. Tanneguy s'y emploie avec ardeur. Les Anglais dévastent le royaume et commandent presque partout en maîtres. Nul ne souffre plus que lui de leur insolence : son rêve, c'est qu'Armagnacs et Bourguignons, redevenus bons Français, se liguent contre l'ennemi commun. Il presse le Dauphin qui, sur ses instances, se rend à Montereau et y reste dix-huit jours à attendre le duc, en dépit des dangers que lui fait courir la peste qui sévit avec fureur autour de lui. Jean-sans-Peur n'était pas sans inquiétudes ; d'anciens et cruels souvenirs pouvaient bien les inspirer. Mais enfin, vaincu par les prières de la dame de Giac qui a sur lui un grand empire, et rassuré par les protestations de Duchâtel, son ancien adversaire et ennemi de Paris, qu'il avait vu de près et dont il estimait le caractère, Jean-sans-Peur, dis-je, se rapprocha lentement de Montereau. Il chevauchait joyeusement, il taxait de puériles les craintes de ses amis, et, à peine arrivé, il prit possession, à la tête de ses troupes, du château qu'on lui abandonnait sur la rive gauche de la Seine, comme gage de sûreté. Le château était séparé de la ville par un pont sur lequel l'entrevue devait avoir lieu à huis-clos et où tout avait été disposé en conséquence. Un pavillon en charpente se dressait au milieu du pont ; c'était le lieu précis où les deux princes avaient convenu de se rencontrer. On aboutissait des deux côtés à ce point central par des couloirs obliques précédés d'un pont levis.

Jusque-là les récits des historiens contemporains présentent entre eux peu de divergence. Quant à l'événement lui-même, le désaccord est complet. Les religieux de *Saint-Denys* et *Monstrelet,* écrivains bourguignons très décidés, affirment nettement la préméditation et l'assassinat, le dernier disant en tout autant de termes que Tanneguy « férit le duc d'une petite hache qu'il tenait en main, » le premier se bornant à déclarer, sans désigner nominativement personne, que les perfides chevaliers qui escortaient le Dauphin le frappèrent sur un signe de celui-ci.

Presque tous les historiens modernes, y compris M. de Barante, adoptent cette version et font de Duchâtel un hypocrite et un meurtrier. Seuls, au milieu du siècle dernier, Voltaire et Saint-Foy, écrivain fécond mais sans grande autorité, innocentent l'ex-prévôt et attribuent la mort de Jean-sans-Peur à sa propre imprudence, se rangeant ainsi à l'opinion de Juvénal des Ursins que nous allons résumer et apprécier.

Les deux chefs, accompagnés chacun de dix seigneurs, se présentent à l'endroit désigné, le premier arrivant du côté de la ville, le second du côté du château et précédé de Tanneguy Duchâtel, de François de Grignaux et du vicomte de Narbonne qui lui servent d'escorte d'honneur. De part et d'autre l'on met des gardes aux *huis* par lesquels on est entré. Le Dauphin parla le premier au duc, lui rappela ses engagements, ajoutant qu'ils devaient aviser aux moyens de résister aux Anglais. Celui-ci répondit qu'on ne pouvait rien faire sans le roi et qu'il fallait l'envoyer quérir. La réserve était puérile, étant donné l'état mental du pauvre malade. Le jeune prince répliqua très doucement qu'il irait vers son père quand bon lui semblerait et non à la volonté du duc et que Charles VI approuverait ce qu'eux deux feraient de concert : parole qui n'était peut-être pas de tous points fort courtoise, mais qui n'avait rien de provocateur. Quelques autres propos furent échangés. Lors, s'approcha le seigneur de Noailles, du parti bourguignon, et dit au Dauphin : « Monseigneur, vous viendrez à présent à votre père » et voulut mettre la main gauche sur lui, et de l'autre tira son épée à moitié. C'est toujours Juvénal des Ursins qui parle. Aussitôt messire Tanneguy croyant que la vie de son maître était menacée, le prit entre ses bras — il était coutumier du fait — et le mit hors de l'huis de l'entrée du parc. Il fut à peine parti qu'il y en eut qui frappèrent sur le duc de Bourgogne et sur le sire de Noailles et « allèrent tous deux de vie à trépas, et ceux du château, c'est-à-dire les Bourguignons, ne s'en émurent pas croyant que c'était le Dauphin que l'on avait tué. » Ils avaient donc ouï-dire que l'on songeait à se défaire de ce dernier.

Où est la vérité dans ces assertions contradictoires? Nous allons essayer de la démêler.

Observons d'abord que l'entrevue ayant été secrète, il n'y a eu que les vingt personnes présentes qui aient pu savoir de quelle manière les choses s'étaient passées; c'est donc uniquement sur le récit des unes et des autres que les historiens, quels qu'ils soient, ont à leur tour construit leur narration. S'il y a quelque part un foyer d'où doive jaillir la lumière, c'est à coup sûr de leurs dépositions.

Le fils de la victime, Philippe-le-Bon, procéda sans retard à une longue et minutieuse enquête. Mais, malgré tous ses soins, il n'y eut que quatre chevaliers sur neuf cités qui comparurent devant le bailli de Dijon.

Le premier, Jean Séguinat, secrétaire et conseiller privé de Jean-sans-Peur, prétendit qu'un grand homme brun qui tenait une épée nue et taillante frappa son maître sur la tête et lui coupa aussi le bras. D'après lui et contrairement à l'assertion de Monstrelet, Tanneguy ne prit pas l'initiative des coups portés; ce ne fut qu'après que le duc eût été grièvement blessé qu'il lui asséna un autre coup qui le renversa. Puis un homme s'agenouilla et lui plongea son épée dans le cœur; ses partisans furent faits prisonniers; un seul s'échappa. (Il est très surprenant qu'ils n'aient pas essayé de se défendre, étant à peu près aussi nombreux et aussi bien armés que leurs adversaires.)

Guillaume de Vienne, seigneur de Saint-Georges, grand chambellan du duc et qui touchait 3,000 livres, interrogé en second lieu, prétendit qu'étant malade, il s'était retiré dans un coin pour vomir, où se trouvant, il entendit crier à haute voix : Tuez, tuez. Et aussitôt se retournant il vit beaucoup de gens armés dans les barrières. Lors, Tanneguy le prit et le mena hors desdites barrières et le remit entre les mains du seigneur de Guitre. Ce témoin ignore qui a tué son maître ; il est toutefois très extraordinaire que Duchâtel ait pu songer à cet étranger s'il était occupé à sa sinistre besogne.

Antoine de Vergé, questionné après les deux premiers, assura que les cris étaient bien parvenus à ses oreilles, mais qu'il ne put apercevoir les visages des assassins, la chose ayant été promptement faite.

Enfin, Guy de Pontailler est le seul qui déclare nettement et sans ambages, qu'il a vu Tanneguy asséner un coup de sa hache d'armes sur la tête de Jean-sans-Peur. Mais il fut contredit par Charles de Bourbon, comte de Clermont, l'un des dix, gendre du duc, qui, après avoir suivi la bannière de Bourgogne, se prononça formellement en faveur du Dauphin et lui resta toujours fidèle. Il soutint à Philippe-le-Bon que son père avait été seul la cause de son malheur. Or, il est difficile d'admettre, malgré les mœurs violentes de l'époque, que ce prince ait pu être dénué à ce point de sens moral que de se rallier à la cause du meurtrier de son beau-père, surtout si le crime s'était accompli sous ses yeux. Quel avantage avait-il à donner raison aux bourreaux contre la victime, quand cette victime lui tenait de si près?

Ainsi l'accusation repose sur un fondement bien fragile, à savoir, le témoignage de deux intimes amis du duc qui ne s'accordent pas dans leurs dépositions.

Deux autres ont bien entendu des cris, mais ils n'ont rien distingué; les quatre suivants se taisent et le neuvième proteste énergiquement et se range du côté de l'adversaire. Même, en supposant que les accusés n'eussent essayé aucune défense, en bonne justice serait-il possible de les condamner? Dira-t-on que les deux accusateurs sont dignes de foi? Mais les dix seigneurs qui se trouvaient à côté du Dauphin étaient aussi croyables que les autres, et ils racontent la chose tout autrement. Trois d'entre eux, messire Robert de Loire, messire Bataille et le vicomte de Narbonne, assument la responsabilité du meurtre, si meurtre il y a, et en déchargent Tanneguy; et quand on leur demande la raison de leur conduite, ils répondent qu'en leur âme et conscience ils ont vu que le duc s'approchait du Dauphin avec des airs menaçants, ainsi que le sire de Noailles, tirant à moitié l'un et l'autre leur épée, et que leur devoir leur a dicté l'attitude qu'ils ont prise.

Quant au principal inculpé, celui qui a porté jusqu'ici devant la postérité tout le poids du crime, il affirma de la manière la plus solennelle, et fit assurer au fils du mort, comme prud'homme et chevalier, qu'il n'avait point fait un tel coup et n'avait jamais donné son consentement à la perpétration du forfait; et que s'il y avait des gentilshommes qui voulussent le contredire, il était tout prêt à s'en défendre et à les combattre l'un après l'autre. Nul n'osa relever le gant. Il ne varia jamais dans ses dénégations, et tandis que Jean-sans-Peur lui-même, pressé par le remords, avait fini par confesser, quinze ans auparavant, que le Diable l'avait tenté et que c'était lui qui avait fait massacrer son cousin d'Orléans, Duchâtel, qui ne s'était jamais souillé par aucune félonie, conserva toujours le calme et la tranquillité de sa conscience.

Pourquoi aurait-il nié une complicité qui lui était si facile d'expliquer et de faire absoudre en alléguant une légitime défense ? Ne risquait-il pas d'être désavoué même par les témoins de son parti ? Et qu'aurait pensé de lui le Dauphin s'il l'avait entendu repousser obstinément toute participation à un acte auquel il aurait su qu'il s'était associé ? Aurait-il pu continuer à lui témoigner, comme il le fit, une confiance aussi complète et une estime aussi absolue ?

Or, bien loin d'hésiter ou d'avouer, le Dauphin écrit une lettre circulaire dans laquelle il dit : « qu'ayant amicalement représenté au duc qu'il n'avait pas fait la guerre aux Anglais, ni évacué les places comme il l'avait promis, celui-ci lui avait répondu plusieurs outrageuses paroles et avait tiré son épée pour le vilainer en sa personne et s'en rendre maître ; mais que par la grâce de Dieu et l'aide de ses loyaux serviteurs, il avait été préservé de ce danger et que son cousin de Bourgogne avait été tué sur place. »

On se demande d'ailleurs en quoi un tel crime pouvait servir la cause de la royauté et celle de la France. Tanneguy aurait-il cédé à l'inspiration d'une ancienne haine ? Mais un homme tel que lui, réfléchi et calculateur, aurait réprimé un tel sentiment, avec la conviction que s'il s'y laissait aller, il atteindrait un but manifestement contraire à son dessein et fortifierait le parti de l'adversaire, bien loin de l'affaiblir. Que l'on songe à ce qu'implique et à ce qu'entraîne une telle supposition. Quoi ! Duchâtel et ceux qui composaient l'entourage du jeune prince auraient résolu de venger la mort du duc d'Orléans, et pour réussir dans leur coupable projet, ils auraient promis et juré solennellement toute sécurité au duc de Bourgogne afin de le faire tomber dans le piège qu'ils lui tendaient ! Ils ne se seraient point souciés de se rendre exécrables à toute la terre par cette trahison ; ils n'auraient point balancé à compromettre le Dauphin auquel leur fortune était alors liée, à risquer sa destinée et même sa vie ! On ne peut pas soupçonner d'une telle imprévoyance, d'un tel manque d'empire sur soi-même et d'une telle déloyauté un homme aussi expérimenté, aussi prudent, aussi généreux et dont le passé avait été exempt jusque-là de tout reproche.

Il nous paraît ressortir avec évidence des témoignages que nous venons de produire et des considérations auxquelles nous nous sommes arrêtés, que le Dauphin et son plus intelligent conseiller n'ont pas préparé, n'ont pas commis et ne pouvaient vouloir commettre le meurtre de Jean-sans-Peur. Celui-ci est tombé victime de sa précipitation, de son caractère fougueux, qui ont pu faire croire sincèrement à un moment donné à des adversaires défiants et inquiets qu'il en voulait aux jours du futur souverain de la France, et les ont armés pour sa défense. Dans tous les cas, rien ne prouve la culpabilité du héros breton, tandis qu'une foule de vraisemblances, d'affirmations et de faits proclament son innocence. On ne s'explique vraiment la prévention persistante de l'histoire à son sujet, que par le souvenir de la forte impression que produisit en 1419 cette mort tragique, par les désastreuses conséquences politiques qu'elle engendra et par l'intervention passionnée des historiens bourguignons dont les écrits portaient la trace très nette de l'irritation et de la partialité.

Quoi qu'il en soit, Duchâtel partagea la disgrâce du Dauphin, quand celui-ci eût été déshérité par son père, et fit voir bien clairement qu'il était attaché à sa personne encore plus qu'à sa fortune. Ce prince, en arrivant au trône, récompensa la fidélité de son dévoué serviteur en l'élevant aux plus hauts emplois. Il lui témoigna publiquement une telle affection et le combla de tant d'honneurs que la jalousie des courtisans en fut excitée. Le connétable de Richemont, obéissant à un mouvement indigne de sa grande âme, exigea opiniâtrément son renvoi. Charles VII résista et refusa absolument de se débarrasser d'un homme qui lui avait deux fois sauvé la vie et dont il appréciait hautement le caractère et la valeur. Mais ce noble cœur, sentant que son éloignement était nécessaire au bien de l'Etat, se déclara résolu à se retirer en Provence et rien ne put le retenir. Cet acte l'honore et nous fournit un argument de plus en faveur de sa non culpabilité.

Le roi le nomma sénéchal de Beaucaire, puis grand sénéchal de Provence, et enfin ambassadeur à Rome. Il mourut à un âge très avancé.

Il m'a semblé, Messieurs, qu'il valait la peine de dégager des ombres qui l'enveloppaient l'un des plus vaillants capitaines d'un siècle qui en compta de si fameux et dont beaucoup ont été plus en vue tout en ayant rendu moins de services. J'ai cru aussi qu'il importait, dans l'intérêt de la vérité et de la justice, dès que j'ai été convaincu qu'une erreur avait été commise, de laver la mémoire de Duchâtel d'une tache de sang qui n'aurait jamais dû la souiller. Ne disons pas, Messieurs, qu'un crime de plus ou de moins ne tire guère à conséquence. Voyez où nous mènerait ce beau raisonnement appliqué à notre conduite de tous les jours. De même que nous ressentons une joie réelle, quand nous évitons une faute, ne serait-ce qu'une seule, ou que nous la réparons noblement ; de même, toutes les fois que sur le cadre souvent si sombre de l'histoire nous pouvons effacer une tache noire et la remplacer par un rayon de lumière, il doit en résulter pour nous une satisfaction profonde comme d'un nouveau triomphe remporté sur le mal ; et dans la question qui vient de nous occuper, y aurait-il quelque présomption à conclure que nous pouvons envoyer à travers les siècles un témoignage d'admiration et d'estime à un homme auquel nous éprouvons un besoin d'autant plus impérieux de rendre son auréole de gloire et d'honneur qu'il a été plus injustement et plus longtemps flétri par le verdict heureusement réformable de l'histoire ?

Nantes, imp. Mme v^e Camille Mellinet. — L. Mellinet et Cie, suc^{rs}.